为画画而活的人

梵高画传

〔意〕埃内斯托·安德勒 编绘

吴娟敏 译

E.A.

CNS 湖南文艺出版社
PUBLISHING & MEDIA
中南出版传媒

图书在版编目（CIP）数据

梵高画传：为画画而活的人 /（意）埃内斯托·安德勒编绘；吴娴敏译 . -- 长沙：湖南文艺出版社，2024.6

书名原文：Vincent van Love

ISBN 978-7-5726-1722-5

Ⅰ . ①梵… Ⅱ . ①埃… ②吴… Ⅲ . ①凡高 (Van Gogh, Vincent 1853-1890)－传记－画册 Ⅳ .
① K835.635.72-64

中国版本图书馆 CIP 数据核字 (2024) 第 070768 号

著作权合同图字：18-2021-42

梵高画传：为画画而活的人
FANGAO HUAZHUAN: WEI HUAHUA ER HUO DE REN

编 绘 者：〔意〕埃内斯托·安德勒
译　　者：吴娴敏
出 版 人：陈新文
责任编辑：陈志宏
装帧排版：Mitaliaume
出版发行：湖南文艺出版社
　　　　　（长沙市雨花区东二环一段508号 邮编：410014）
印　　刷：湖南省众鑫印务有限公司
开　　本：710mm×1000mm　1/16
印　　张：9.25
字　　数：50千字
版　　次：2024年6月第1版
印　　次：2024年6月第1次印刷
印　　数：1—4000册
书　　号：ISBN 978-7-5726-1722-5
定　　价：88.00元

很多人觉得，梵高悲伤、疯狂、忧郁。
读他的书信却发现他是一个阳光灿烂的人，
热爱生活和身边的一切。
本书希望通过彩绘与画家书信中的只言片语，
突出这位艺术家充满矛盾，
也极为人性化的一面。

当你坠入爱河的时候
……
……你会惊讶地意识到，
有一种力量驱使你去行动……
……那是来自
内心的力量。
——文森特·梵高
Vincent vandove

我一无所知，
但看到星空令我满怀梦想。

——文森特·梵高

假如今天的我一文不值，那明天的我也不会变得更有价值。但是，假如明天有人发现了我的价值，那就说明，今天的我也有同样的价值。因为，哪怕有人一开始把麦子当作杂草，麦子依然是麦子。

——文森特·梵高

我亲爱的提奥：
衷心感谢你给我寄来的钱。我实在难以启齿，虽然得你相助，我依然一贫如洗。

——文森特·梵高

人们常常进行艺术创作，却无法体会到艺术。

——文森特·梵高

Vincent van Lo

rent van love

E.A.

特奥多鲁斯·梵高是一名荷兰归正会牧师。1851年，他与安娜·卡本特斯结婚，妻子的父亲是荷兰的一位书籍装帧师。他们两人的第一个孩子文森特·威廉·梵高，一出生便夭折了。

一年后，文森特出生。他的名字是为了纪念一年前死去的哥哥。就这样，文森特看着一块刻有他自己名字的墓碑，渐渐长大。

几年后，安娜·卡本特斯又生下了弟弟提奥。

安娜·科妮莉亚·卡本特斯

1864 年：　文森特去泽文伯根上学。

1869 年：　就职于艺术品公司"古庇尔和西"。

1876 年：　前往伦敦，在威廉·波特·斯托克
斯卫理公会学校担任辅导老师。

1878 年：　在布鲁塞尔参加了为期一个季度
的福音传教课程。

不能以这个世界的模样去评判上帝，
因为这世界是他画坏的习作。

——文森特·梵高

E.A.

Vincent van love

文森特设法从
福音传教士学校得到
了去比利时博里纳日传教的任务，那里是煤矿地区。

追寻上帝的心也了解什么是痛苦。

生命是一场持续不断的斗争，而且……

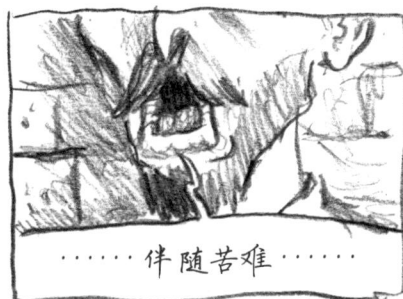

……伴随苦难……

……上帝……

……为我们指引……

……那些最崇高的东西……

您不了解在煤矿里工作意味着什么。

4点醒来。

腰酸背痛。

冒着生命危险，每天工作十五六个小时。

矿里出煤，也出寡妇。

天哪！

得知了矿工们
身陷绝望的处境后，
文森特便明白了，
光靠传教是不够的。

在博里纳日，楚高把一切财物都捐赠给了有需要的矿工们，
自己住在一个窝棚里，睡在稻草垛上。他开始像他们一样生活，
互相分享水、食物甚至衣服……

……他把苦行僧圣
方济各奉为楷模。

弟弟提奥去找文森特的时候，发现他的情况糟糕透了，
于是劝他回家。

到现在为止，
我显然是个
懒惰的人……

……不是每个人
都知道自己能做
什么，但对他而
言，那是种来自
本能的感觉。

我能做什么有用的事？我能干些什么？
我感到内心深处有某些东西，但那是什么呢？

你为什么不画画呢？
我来支付所有费用。

画布、颜料……

事实上，画作是
向穷苦的人们传递
爱和团结的好办法。

1880年，文森特搬到了布鲁塞尔。
在那些日子里，他一心致力于艺术事业，
有机会练习素描，
还能研究他最爱的米勒等画家。

假如没有尝试一切的勇气，
生命还有什么意思？

——文森特·梵高

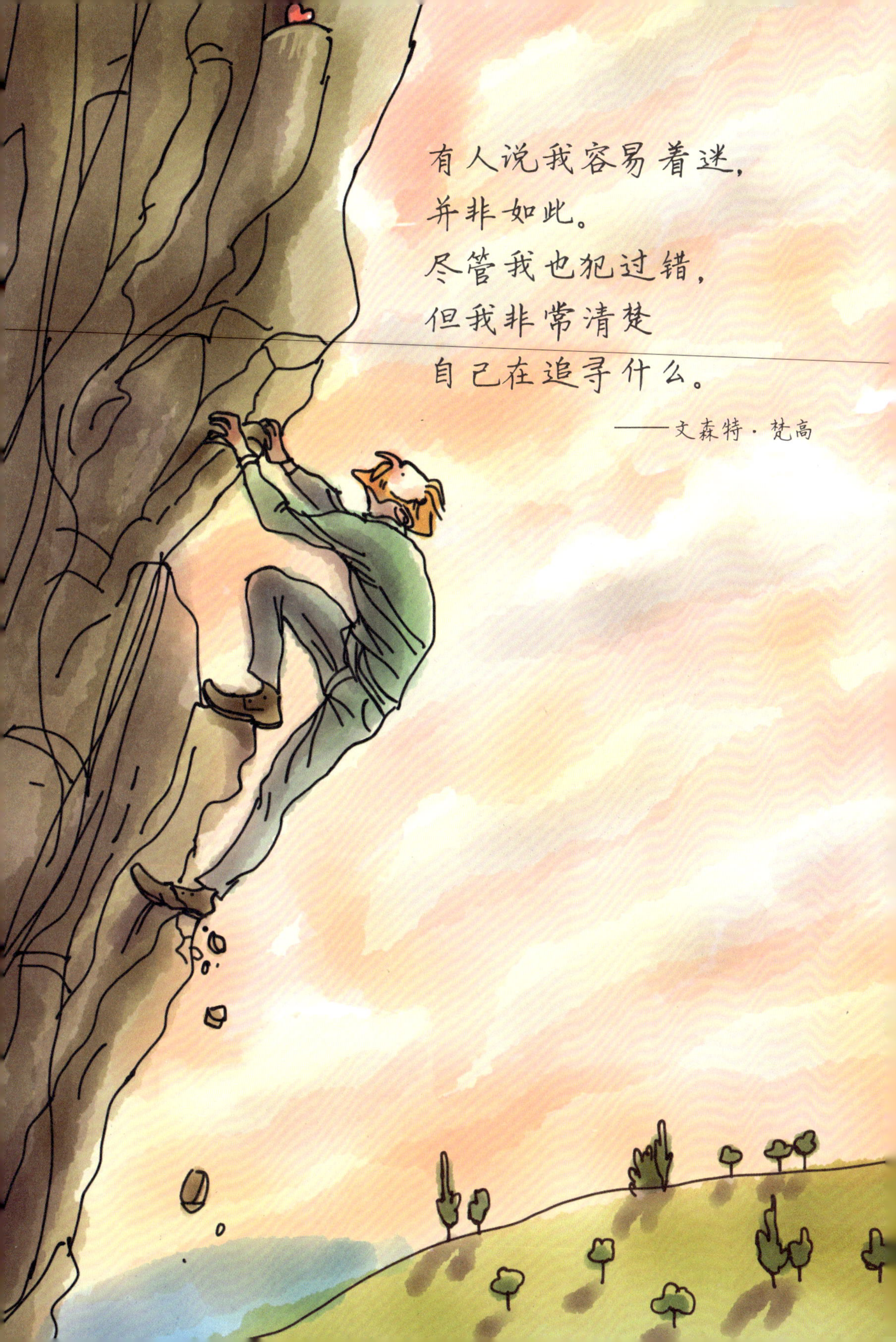

有人说我容易着迷，
并非如此。
尽管我也犯过错，
但我非常清楚
自己在追寻什么。

——文森特·梵高

我自觉是个心中有爱方能有成就的人，

不需几年就能做到，

而这一切，

我要满怀力量去实现。

——文森特·梵高

E.A.

Vincent van dave

1881 年，
文森特回到埃滕与父母同住，
他与表姐凯伊再度邂逅。
凯伊是新寡，
他不可救药地爱上了她。

我爱你，凯伊！

你去哪里？

凯伊！

凯伊！

等一下！

请给我再倒一杯啤酒。

哎呀，姑娘······
这是第四杯啤酒了，

你的钱够吗？

我相信这东西是您的。

啊？

一定是您掉的。

您受伤了。

没什么，不过是烫伤。

这手必须立刻用药。

亲爱的提奥：

我与一个女孩相识，　　　　　　　她名叫西恩。

她的生活
十分艰辛，

但对我却亲近又温柔。

33

对天主使臣而言，我们两个都是罪人。

但爱是种罪吗？

我想要和西恩生个孩子，组建一个真正的家庭。

幸亏有了文森特，西恩不再卖淫。

但是没过多久，钱就用光了。

文森特受制于沉重的财务问题，

不得已放下了他的画笔。

要不相瞒，我情愿死……

……句不是造成或是遭受如此这般的大麻烦。

—— 文森特·梵高

我希望创作出直抵人心的画作。
我希望当人们谈论我的作品时，他们会说：
"带着内心深处的那份温柔去感受吧。"
我希望创造出给人类带来慰藉的艺术。

——文森特·梵高

Vincent van Gogh

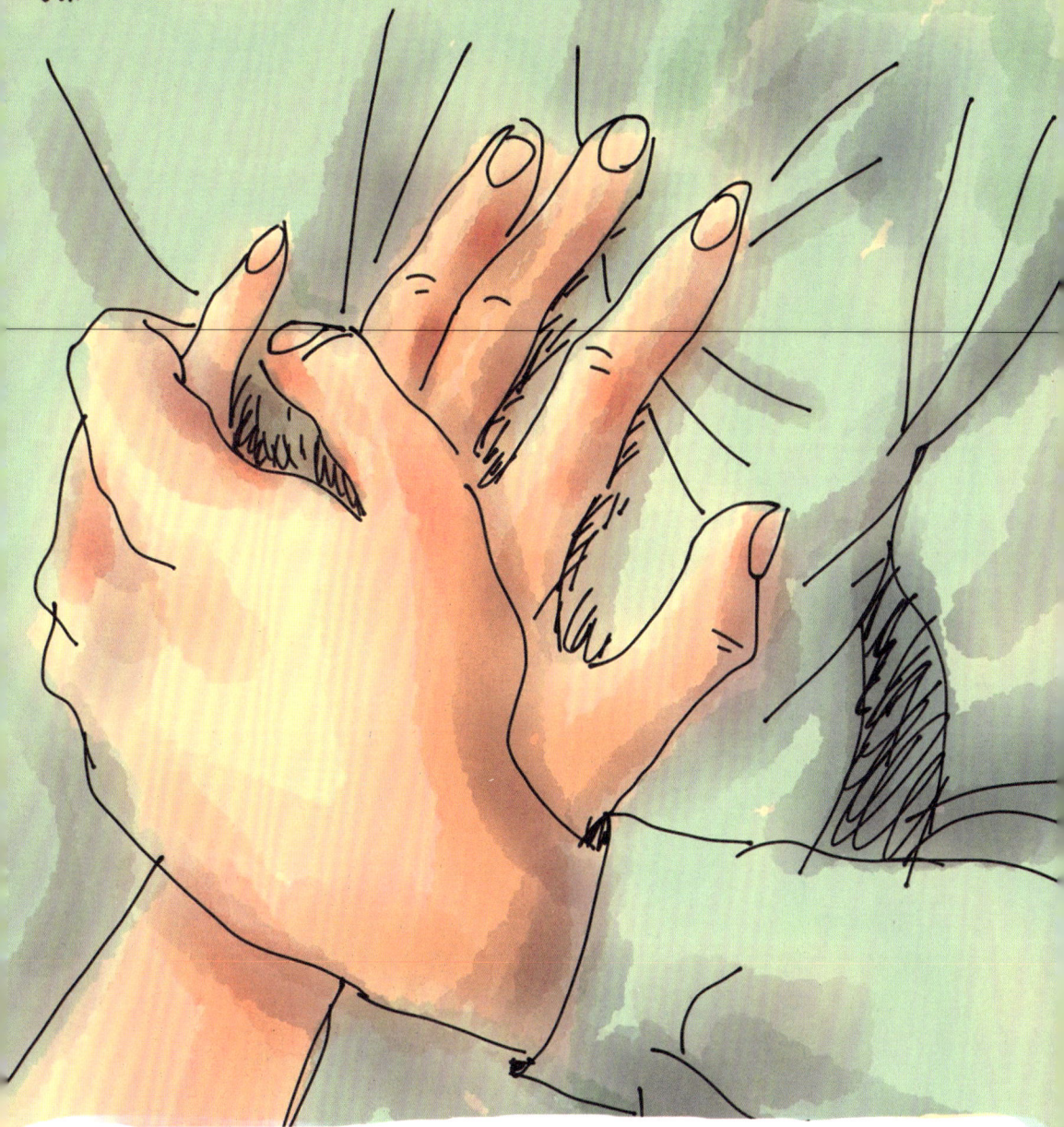

艺术家不必传教或编造，
但他心中确实应该装着对其他人的爱。

——文森特·梵高

一份职业，
并非那种能让你把酬劳带回家的东西。
一份职业，
是你在这世上，
用强烈情感去完成的东西，
它会变成一种精神……

……召唤着你。

——文森特·梵高

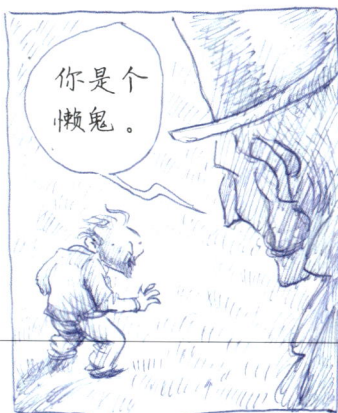

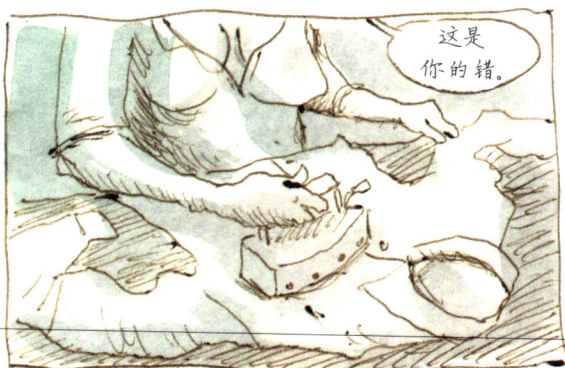

这是
你的错。

你把钱都
花在了颜料上。

你在听我
说话吗?

我在
听你说话。

然后呢?!
你每天画个不停,
但……

……一幅都
卖不出去。

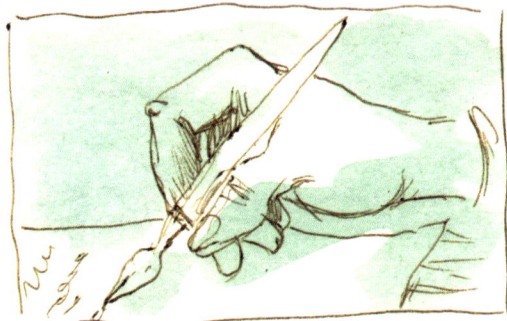

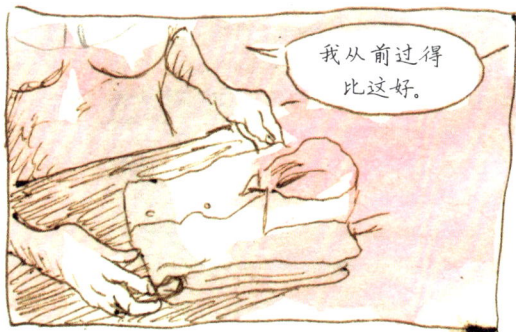

我从前过得
比这好。

你的意思是,
你当妓女的
时候吗?

你滚,
文森特,
我再也不想
看见你!

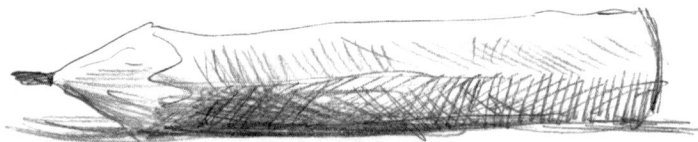

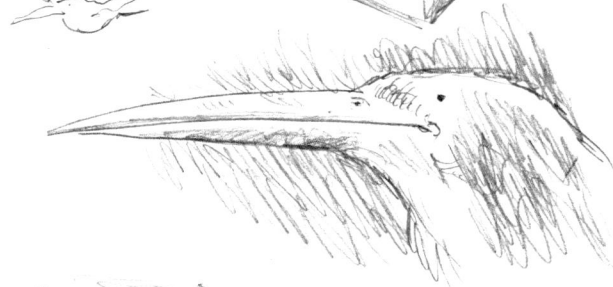

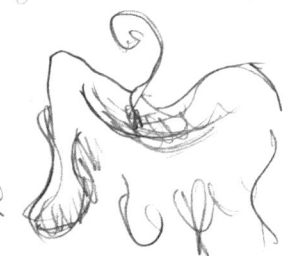

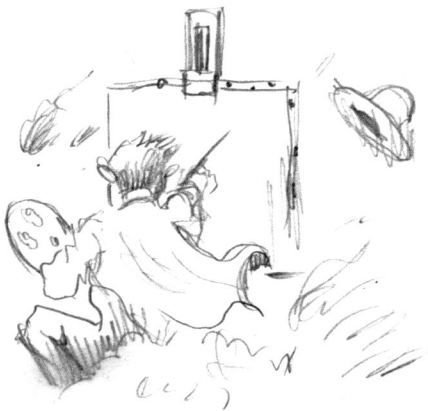

文森特开始
学习绘画的
解剖学基础。

他不停地画，
专攻人类的轮廓，
尤其是脸和手。

他经常画下
自己在妓院
或咖啡馆
遇见的人。

我只有在绘画的时候，
才感觉自己活着。

——文森特·梵高

E.A.

incent van love

我握着画笔时，仿佛提琴手拿着琴弓……

……令我
无比愉悦。
——文森特·梵高

E.A.
Vincent van Love

我在最贫穷、
最肮脏的地方，
看到了一幅幅画。

——文森特·梵高

1887 年，巴黎。

终于到了。

我们在
卢浮宫前碰头。

——提奥

巴黎果真喧嚣。

但是，
这里美极了。

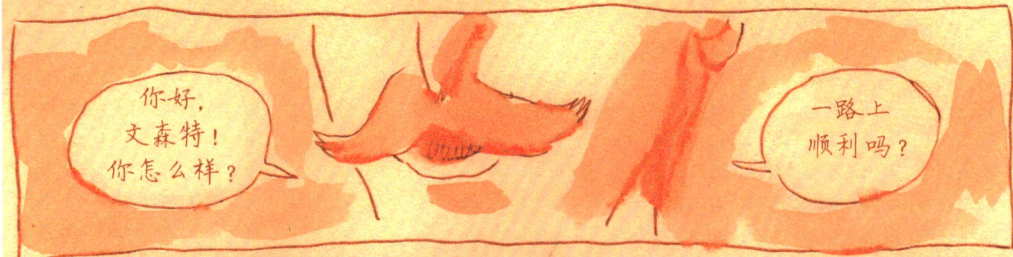

文森特的画作阴暗忧郁，
代表着基于过去的
审美价值。

在巴黎，
他通过印象派作品
发现了对色彩的运用。

他们孜孜不倦地
捕捉着光线与瞬间，
深深地吸引了他。

文森特
适应了新风格，
然后以自己的
方式诠释，
而他的调色板，
从此也变得
更为明快。

文森特在城市里过得不错，但他并不喜欢封闭空间。

1888 年，
巴黎。

巴黎的生活经历令
文森特十分受用，
给了他全新的刺激。

但他依然觉得，
需要离开城市，

远离恶习
……

· · · · · ·
远离浮华
· · · · · ·

远离
一切。

远离喧嚣
和满目的
灰色,

他渴望
温暖
· · · · · ·

· · · · · ·
渴望色彩
· · · · · ·

法国南部地区
在召唤着他。

他两年前来这里的时候，我没想到我们会变得如此形影不离。现在，又只剩我一个人，我更清楚地感受到了公寓里的空虚。像文森特这样的人，是不可能被轻易替代的。他知识渊博，对世界的认知足够清晰，和那些思想的先驱是一样的，但他在日常琐事中渐渐失去光芒。而且，他内心善良。

——提奥·梵高

我看到自然界中的一切，
比如在树木中……

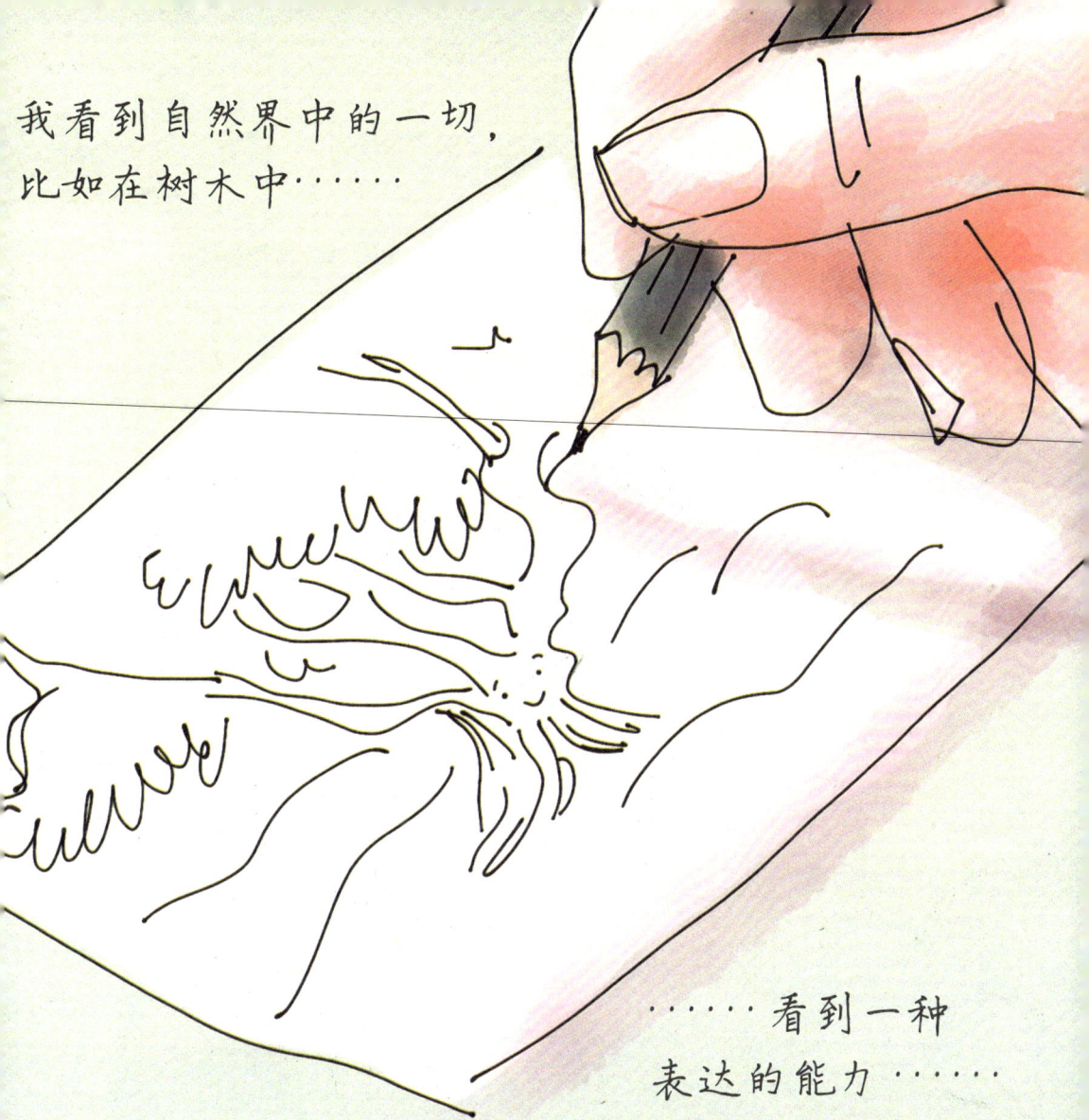

……看到一种
表达的能力……

从某种角度而言，
那是灵魂。

——文森特·梵高

在某些令我
恐惧的时刻，
我清楚地感受到……
……
大自然美轮美奂，
而我不再确知自己，
还有我的画
……
……它们
看起来像梦一样。
——文森特·梵高
- Vincent van Love

最重要的事情，是一切安好。

为什么还要
执着于一些
无关紧要的
细节呢?

——文森特·梵高

亲爱的提奥：

我回到了
工作之中……

……我画了
三幅大画布，
是大片广阔的
麦田……

……在焦虑不安的天空下，

我毫无障碍地

表达出了……

......我的痛苦

以及极度的

孤独。

我和画家们的关系是如此冷淡，
这令我深感痛苦。
我们无法和睦地一起围坐在火炉前，
比如在这样的雨天，共赏绘画，
互相鼓励。

一个人
成了画家，
就会渐渐发疯，
或者发财。

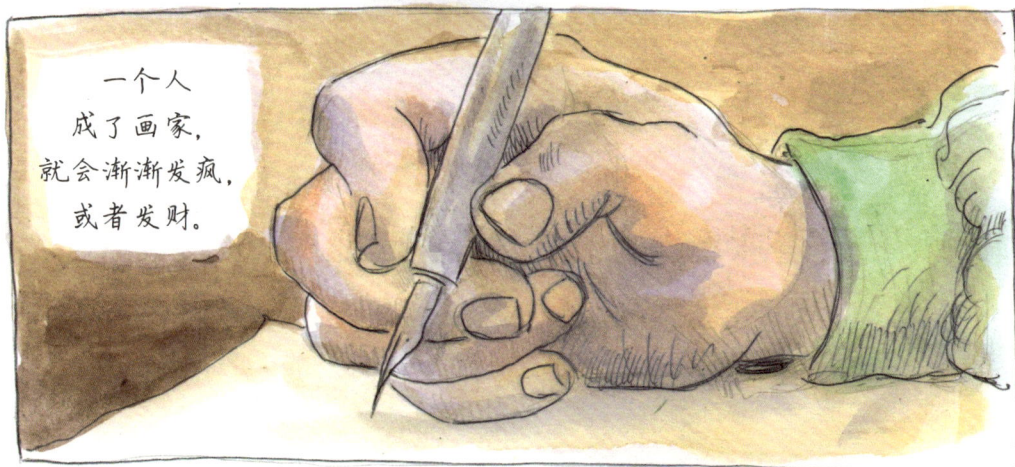

买一杯加奶的咖啡要花一法郎，一个圆面包要两法郎。
与此同时，画卖不出去。
正因如此，大家应该团结起来，像古时的僧侣一样……
那么首先，我们需要一个修道院，
由院长来维持秩序，这个人理应是高更。

——文森特

我想，有一天，不少人会后悔他们曾对我说过的话，后悔让我深陷敌意与冷漠。我通过与人隔绝来掩盖自己经受的打击，直到我再也见不到其他人。

——文森特·梵高

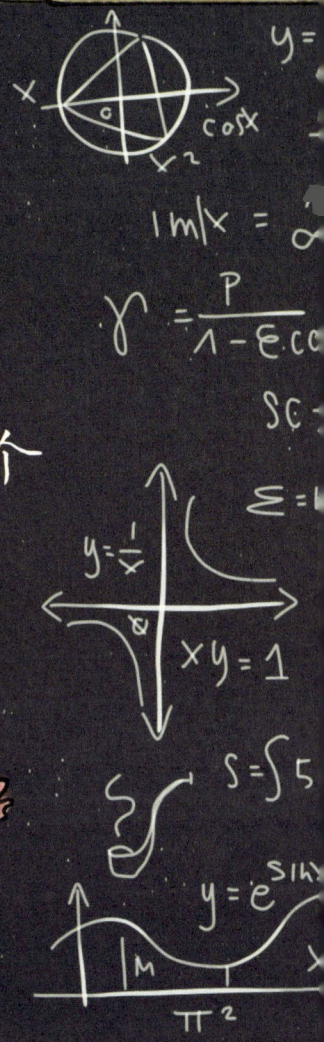

煎熬，

不抱怨，

是我们生命中

唯一需要学会的东西。

——文森特·梵高

你带什么来了，保罗？

文森特，这······

是个如假包换的猪圈。

这样好多了，

勉强能
接受。

我不喜欢在一堆脏东西中作画。

亲爱的提奥：

我很快乐。

高更来此地与我同住，我不再孤独。

他是伟大的艺术家，是最好的朋友。

我从他身上学到了很多东西。

——文森特

画不出来，我做不到。

我没有办法！

这里像个鸟笼，

我得去室外作画！

因酗酒，文森特与高更之间的关系
日渐紧张，注定走到了尽头。

高更决定一有机会就搬去热带。
文森特也知道，他害怕那一天的到来。

文森特经常在深夜走进高更的房间，
只为了确认，
他的朋友没有突然离他而去。

我觉得
你画的天空
很平淡。

平淡是因为我眼见如此……
你又知道什么?

……

你画得
那么仓促。

我画得不仓促,
是你看得太仓促。

去你的
热带吧!

你疯了
吗?!

我知道
你想离开!

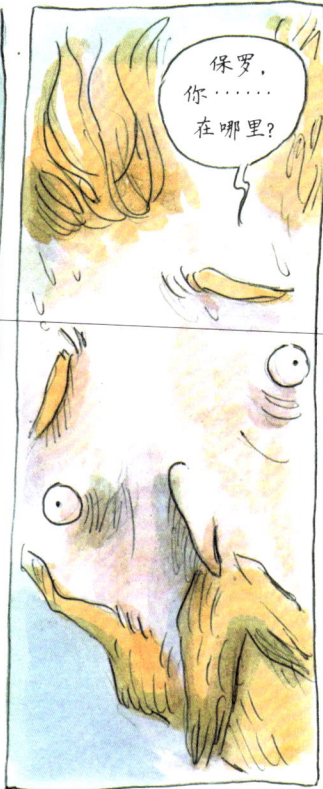

我是个
笨蛋。

我唯一的朋友离开了，
这是我一手造成的。

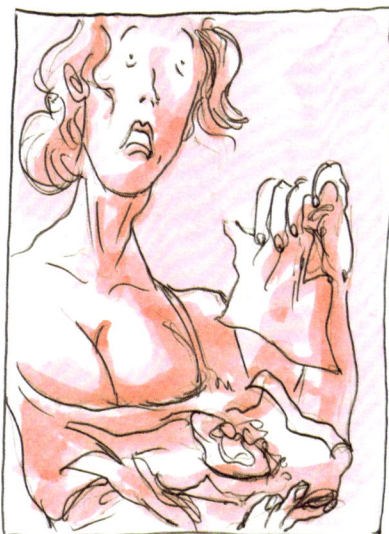

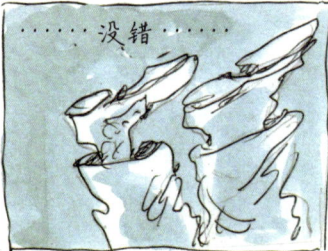

第二天早晨，
警察在血泊中发现了孤零零的文森特……

……并把他送进了精神病院。

我的脑袋······
我不知该如何称呼它，
发烧、精神错乱。
我的思绪风起云涌。

——文森特·梵高

文森特的诊断结果令人不安：

　　精神分裂
　　躁郁症
　　铅中毒（摄入铅涂料后中毒）
　　痴呆症
　　失眠症

与此同时，
被囚禁的人继续活着，
没有死去。

他没有发作，
阳光令他
重新振作起来。

在费利克斯·雷伊医生
的帮助下，梵高康复了，
于1889年1月7日
离开了精神病院。

据我判断，
我并不是真的得了精神病。
我非常渴望画画。

——文森特

亲爱的提奥：

　　我给你写信，是为了表达我对你的来访的感激。当我看到你，同你一起漫步，一种久违的情愫涌上心头———仿佛，生活是美好的、宝贵的，亲爱的。

我觉得自己活着，
我已经很久
没有这么快乐了。

因为，我的生活渐渐变了，对我而言它不再那么重要、那么宝贵，我甚至有些冷漠……

……至少我如此认为。

当你同他人生活在一起，被真挚的情感团结在一起，你就会意识到，自己有理由活下去，自己不是完全无用、多余的——我们需要彼此……

……前路漫漫，需要有人同行……

······像伙伴一样······

······共度旅途。

因为，我们的自尊心
也高度依赖于……

……彼此之间的关系。

——文森特·梵高

109

应该去体会的，不是画家所用的语言，
而是大自然的语言。

我总在做我不会做的事，
便能学会如何做成。

——文森特·梵高

可别忘记，那些微小的情感掌控了我们生命的大方向，我们服从于它们，无知无觉。

——文森特·梵高

爱情，
　和自然界中的一切事物一样，
　　会枯萎，也会重新开花……

……但爱绝对不会死亡。

——文森特·梵高

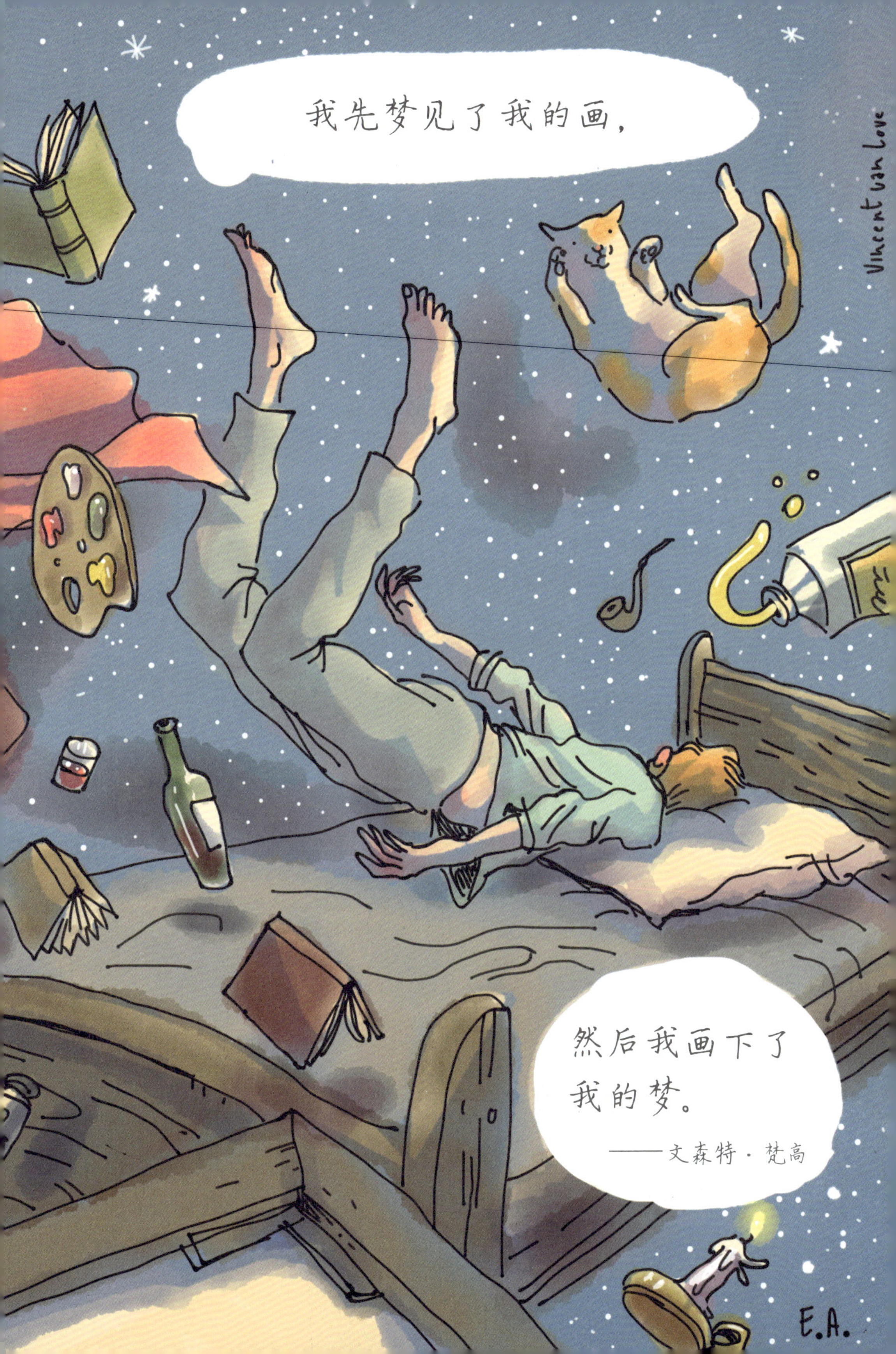
我先梦见了我的画，
Vincent van Love
然后我画下了我的梦。
——文森特·梵高
E.A.

我只希望人们将来会肯定我这个人。

——文森特·梵高

1889 年，文森特经历了一次严重的幻觉发作，弟弟提奥的儿子出世，也加重了他的病情。孩子取了文森特的名字作为纪念，而文森特则担心自己成为弟弟及其家人的经济负担。

我做不了其他事情。

你是个不折不扣的废物!

我只会画画。

画画有什么用?你的画都卖不出去!

我是画给后人看的。

他们会欣赏的。

停下吧,丈森特!

你只是你弟弟的负担。

提奥很爱我!

哎呀，文森特!

提奥!

你终于来了。

你干了
什么啊?
文森特?
为什么?

你为什么想死?

你现在有了孩子，
我只是个负担。

你别这么说，文森特，
你是个伟大的人，总有一天，
人们会注意到的。

为自己的艺术而战却无人赏识，
令文森特无比疲倦。
1890 年 7 月 29 日，文森特与世长辞。
他最后的话是：

Vincent Van Love E.A.

"现在，我要回家了。"

谨以此书
献给
我的父亲。

附录

我无力改变现实，画卖不出去。
然而，总有一天人们会发现，
它们的价值不只完成它们所耗费的颜料。

——文森特·梵高

我越思考

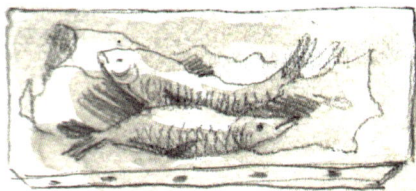

就越发意识到：

真正
最充满
艺术性的
事情，
莫过于

爱其他人。

——文森特·梵高

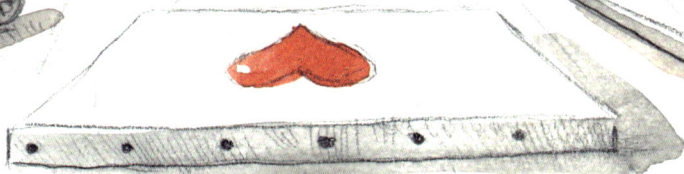

暴风雨中也有平静。

——文森特·梵高

我的画想要表达能抚慰人心的东西，
就像乐曲一样。

——文森特·梵高

Vincent van doue

我已经在天地之间活了三十年，
出于感激，我想以素描和油画的形式
为这个世界留下一些纪念品。

——文森特·梵高

Vincent Van Love

埃内斯托·安德勒

　　意大利雕塑家、画家，现居意大利北部特伦托的佩尔吉内。他在网络上连载的漫画《梵高画传：为画画而活的人》，灵感来自那位荷兰画家写给弟弟提奥的信，短时间内他便收获了超过五万名关注者。在他的脸书栏目《知更鸟罗比》中，他为法布里奇奥·德·安德烈、弗朗切斯科·德·格雷戈里、卢桥·达拉等人的知名意大利语歌曲绘制了插画，非常受欢迎。他还在说唱歌手毛鲁布图的演唱会上现场作画。